Made in the USA
Las Vegas, NV
11 April 2021

21250218R00066